Schriften des Allgemeinen Deutschen Schulvereins
zur Erhaltung des Deutschtums im Auslande.
Hauptvorstand: Berlin W. 62, Landgrafenstraße 7, III.
Heft 4.

Die deutschen Schulen im Ausland.

Von

Dr. Ernst Kapff.

Berlin.
Druck und Verlag von Georg Reimer.
1902.

Inhaltsverzeichnis.

Wenn man einen Überblick über das weitverzweigte deutsche Auslandschulwesen gewinnen will, so wird man, um die ermüdende Eintönigkeit langer tabellarischer Aufzählungen zu vermeiden, leicht geneigt sein, auf eine Einteilung dieser Schulen nach geographischen Gesichtspunkten zu verzichten und lieber eine andere zu wählen, die mehr das unmittelbare Interesse wachruft. Eine solche wäre z. B. die vom Standpunkte religiöser, bezw. konfessioneller Interessen ausgehende, welche die deutschen Schulen im Ausland unter dem Gesichtswinkel der Abhängigkeit von derartigen Einflüssen oder deren Fernhaltung beurteilt. Die Betrachtung der verhältnismäßig kurzen Geschichte dieser Schulen würde zeigen, wie meist aus dem Schoß der Kirchengemeinden die Schule hervorsproßte, um sich vielfach hernach immer mehr auf eigene Füße zu stellen, und wie in der neuesten Zeit die jüngsten pädagogischen Schöpfungen dieser Gattung bestrebt sind, von Anfang an sich dem mütterlichen Schutze der Kirche zu entziehen und sich vor allem auf nationalen Boden zu stellen. Der Politiker wird in seiner Weise die deutschen Auslandschulen etwa einteilen in solche an internationalen Handelsplätzen, wo notwendigerweise auch die Schule einen internationalen Anstrich tragen wird, in diejenigen inmitten fremder Kulturstaaten oder deren Kolonisationsgebieten, wo sie unter dem Druck einer fremden Kultur stehen, und drittens in die Schulen in Neuländern mit schwacher Staatsgewalt, die, erst in den Anfängen der Entwicklung befindlich, für eine originelle Entfaltung deutsch-nationalen Wesens einen günstigen Nährboden darbieten.

Weder diese religiöse noch die politische Betrachtungsweise dürfen uns hier gleichgiltig lassen. Aber die Übersicht über das deutsche Schulwesen im Ausland, die wir im folgenden zu geben versuchen, soll sich fernhalten von jeder tendenziösen Beeinflussung des Urteils. Die Tatsachen selbst sollen sprechen. Die Folgerungen für jeden national empfindenden Deutschen mögen im Anschluß daran nur leicht angedeutet werden. Wir ziehen also die geographische Einteilung des Stoffes vor, werden aber durch Hervorhebung des jeweilig Charakteristischen und Unterdrückung des Unwesentlichen die vis inertiae, die Schwerfälligkeit der stofflichen Masse zu überwinden suchen. Zu Grunde liegen unserer Einteilung also die fünf Weltteile, innerhalb deren wiederum einzelne Schulkreise sich sowohl im Hinblick auf politische, als geographische und kulturelle Grenzen unterscheiden lassen. Vollständig ausgeschlossen von der Untersuchung sind die Schulverhältnisse in Österreich-Ungarn und der Schweiz, zwei Staaten, die alte historische Kulturzentren des Deutschtums enthalten. Die deutsch-nationalen Schulverhältnisse im ersteren Staat sind ohnedem von seiten des Allg. d. Schulvereins häufig und gründlich behandelt worden. Ebenso scheiden hier die Schulen in den deutschen Kolonien, die nicht zum eigentlichen Ausland gehören, aus der Erörterung aus. Also ist es die deutsche Schule in der Diaspora, diesen Begriff vom nationalen Standpunkt gefaßt, die wir in den Kreis unserer Betrachtung ziehen wollen.

Beginnen wir mit Europa, so lassen sich hier drei große Schulkreise unterscheiden:

1. der romanische Kreis,
2. der nordgermanische Kreis,
3. die deutsche Schule in den Balkanstaaten und Rumänien.

Wenn wir mit der franko-belgischen Zone beginnen, so erhalten wir gleich zu Beginn die Gelegenheit, der Quelle zu gedenken, aus der wir in erster Linie zu schöpfen haben, wenn wir uns über das deutsche Schulwesen im Ausland unterrichten wollen. Es ist dies das in neuer Bearbeitung erschienene Werk „Deutsche Schulen und deutscher Unterricht im Auslande" von Prof. Dr. J. P. Müller, ein Sammelwerk, das fast ganz auf den Berichten der Leiter der deutschen Auslandschulen oder sachverständiger Vertrauensmänner auf der ganzen Erde sich aufbaut und deshalb im großen Ganzen ein zuverlässiges Material darbietet, wenngleich natürlicherweise da und dort der Standpunkt pro domo sich in einseitiger Weise geltend macht. Der Verfasser hat selbst 20 Jahre lang der „Allgemeinen deutschen Schule in Antwerpen" vorgestanden. Diese, die in 16 Klassen mit 21 Lehrern und Lehrerinnen gegen 330 Schüler und Schülerinnen beherbergt*), steht in Rücksicht auf Schülerzahl und Lehrkräfte, sowie Organisation und Leistungsfähigkeit in der ersten Reihe der deutschen Auslandschulen und ist zu einem wichtigen Bindeglied geworden für die opferwilligen Mitglieder der deutschen Kolonie Antwerpens untereinander wie zwischen dieser und den Angehörigen anderer Länder, die ihre Kinder ebenfalls dieser Schule anvertrauen. An Bedeutung folgt ihr innerhalb Belgiens die gewissermaßen als ihr Ableger ins Leben gerufene Allgemeine deutsche Schule in Brüssel mit etwa 140 Schülern und Schülerinnen und 14 Lehrkräften.

Die übrigen deutschen Schulen in Belgien sind im wesentlichen Fabrikschulen, dem Bedürfnisse entsprungen, den Kindern der zahlreichen, in der belgischen Industrie beschäftigten deutschen Arbeitern wenigstens die notwendigsten elementaren Kentnisse in deutscher Sprache zu vermitteln. Wie groß in den belgischen Industriebezirken das Bedürfnis nach einer solchen Fürsorge ist, geht u. a. aus der Schülerzahl der Schule in Verviers hervor, der z. Z. 410 Knaben und Mädchen angehören.

Neben dem kleinen Belgien mit seinem verhältnismäßig blühenden deutschen Schulwesen spielt das große Frankreich mit lediglich zwei deutschen Schulen in Paris und Marseille eine bescheidene Rolle. Beide verfolgen die Ziele der deutschen Volksschule. Da die Schüler in den französischen Staatsschulen nicht nur kein Schulgeld bezahlen, sondern auch noch vielfach allerhand Unterstützung erhalten, ist es begreiflich, daß der Wettbewerb der französischen Anstalten ein allzu starker ist. Auch politische Momente spielen hier natürlicherweise mit.

Etwas erfreulicher liegen die Verhältnisse in den anderen romanischen Ländern. In Italien stehen die Städte Mailand und Neapel an der Spitze. Während in ersterer zwei Schulen deutscher Färbung bestehen, besitzt Neapel zwar, streng genommen, nur eine Schule mit 9- bis 10jährigem Kurs und 157 Schülern beiderlei Geschlechts, allein die Scuola Internazionale darf wegen der hervorragenden Pflege der deutschen Sprache und Literatur in gewissem Sinne hier einbezogen werden. Im Vergleich mit diesen

---

*) Wir legen hier, wie im Folgenden überall, die neuesten uns zugänglichen Angaben, besonders auch nach dem Müller'schen Buche, zu Grunde.

Anstalten fallen die deutschen Schulen in den übrigen Städten, in Genua, Livorno, Venedig, Rom, Messina, Palermo weniger ins Gewicht, und selbst in der geistig so vornehmen Medicäerstadt Florenz kann sich die zweiklassige deutsche Schule nur notdürftig über Wasser halten. Alles in allem weisen die Verhältnisse hier eine gewisse Ähnlichkeit mit den französischen insofern auf, als ebenfalls die billigere Landesschule viele deutsche Eltern veranlaßt, ihre Kinder diesen zuzuführen, und so der deutschen Schule der Boden entzogen wird.

Spanien, bekanntlich berüchtigt durch seine staatlichen Schulverhältnisse, besitzt wenigstens die aufblühende deutsche Schule in Madrid, eine solche in Barcelona, die trotz der vielen Ausländer, die sie gleichfalls besuchen, dem Deutschtum schon wertvolle Dienste geleistet hat, und eine kleine Anstalt für die deutsche Kolonie Malagas. Auch in Portugal sind erfreuliche Anfänge zu verzeichnen, die Lissaboner deutsche Schule bereitet sogar Gymnasiasten bis zur Tertia vor — eine im Ausland seltene Erscheinung — und gewährt den Schülern, die nicht auf eine höhere Lehranstalt übergehen wollen, eine abschließende Vorbildung für einen bürgerlichen Beruf. Auch das unweit Lissabon gelegene Amora ist Sitz einer Schule für die Kinder der deutschen Fabrikarbeiter. Im übrigen ist auch hinsichtlich der Iberischen Halbinsel zu bemerken, daß es verfehlt wäre, aus der Zahl der in dem Lande lebenden Deutschen einen Schluß auf die Kinderzahl bezw. das Schulbedürfnis zu ziehen, da die in solchen Ländern lebenden Kaufleute, Techniker u. s. w. meist jüngeren Alters und unverheiratet sind. Der Deutsche sucht in solchen Ländern Geld zu verdienen, um dann womöglich in seine Heimat zurückzukehren. Wir haben also diese, heißen wir sie kurz Erwerbsländer, von den Einwanderungsländern zu unterscheiden.

Indem wir uns nunmehr dem nordgermanischen Schulkreis zuwenden, müssen wir gleich der gefährlichsten Klippe gedenken, die sich der Erhaltung des Deutschtums im europäischen und außereuropäischen Ausland entgegenstellt. Es ist die Stamm- und Sprachverwandtschaft, die, weit entfernt, eine Stütze zu bieten, vielmehr zur größten Gefahr wird. Unter Romanen vermag der Deutsche Muttersprache und Eigenart sich zu wahren oder doch länger zu erhalten, unter Nordgermanen gibt er sie nur zu leicht auf. Die stärkste aufsaugende Gewalt übt auf den Deutschen vor allem das Angelsachsentum.

Es ist bezeichnend hierfür, daß London z. B. 36000 Deutsche zählt, Schweizer und Österreicher miteinbegriffen, aber die naturalisierten Deutschen und ihre Nachkommen abgerechnet, und doch in ganz England und Schottland mit Ausnahme zweier Privatschulen für Mädchen keine einzige deutsche Anstalt besteht, deren Lehrziele über das bescheidenste Maß der deutschen Volksschulbildung hinausgingen. Dabei ist allerdings zu berücksichtigen, daß in Großbritannien deutsche Lehrer in großer Zahl an den Landesschulen wirken und die deutsche Sprache ebenso wie seit 1870 in Frankreich an den englischen Schulen entsprechende Berücksichtigung findet.

Etwas besser sieht es in den Niederlanden aus, obwohl hier die Gesetzgebung mit ihrer Bestimmung, daß nur in Holland und in holländischer Sprache geprüfte Lehrer öffentlichen Unterricht erteilen dürfen, besondere Schwierigkeiten in den Weg legt. Rotterdam hat es immerhin zu einer sechsklassigen Schule mit 8 Lehrkräften und 203 Schülern gebracht. Außerdem besteht noch eine Schule der deutschen evangelischen Gemeinde im Haag, die aber mehr holländische als deutsche Schüler zählt, und zwei in Amsterdam, wovon eine ausgesprochen gemischten Charakters.

Auch in Dänemark wacht das Gesetz darüber, daß die Schule dem nationalen Gedanken dient. Weder die drei deutschen Schulen in Kopenhagen, noch die der reformierten Gemeinde in Fredericia stehen in einem Verhältnis zu Deutschland. Es wirken an ihnen deutsche Lehrer, und die deutsche Sprache findet neben der dänischen ihre Stätte oder wird dieser vorgezogen, aber deutschnationaler Geist kann naturgemäß hier nicht zur Herrschaft gelangen. Was aber neben politischer Abneigung in erster Linie die Gründung weiterer deutscher Schulen verhinderte, war jedenfalls die germanische Blutsverwandtschaft und nahe geistige Berührung zwischen Deutschland und Dänemark. Daß dieser Umstand ein wesentlicher ist, geht auch aus der Tatsache hervor, daß in Schweden wie in Norwegen z. B. keine deutschen Schulen bestehen. Niemand wird bestreiten, daß zwischen diesen Ländern und Deutschland ein starker Ideenaustausch stattfindet. Während Deutschland mehr für literarische Anregungen aus den nordischen Reichen sich empfänglich zeigt, wird der Norden mehr durch die deutsche Wissenschaft befruchtet. In Schweden ist die deutsche Sprache für den fremdsprachlichen Unterricht grundlegend und findet in den Gymnasien während des ganzen neunjährigen Lehrgangs ihre Pflege. Dabei gewähren selbst die schwedischen Gymnasien ihren Schülern nahezu unentgeltlichen Unterricht. Kein Wunder, wenn unter solchen Umständen die früheren deutschen Schulen in Stockholm und Gotenburg eingehen mußten.

Ehe wir nunmehr den Norden verlassen, mag noch eines Reiches gedacht sein, das in unserer Einteilung völlig vergessen zu sein scheint. Rußland wurde aber geflissentlich nicht genannt, weil es tatsächlich in dem ganzen moskowitischen Riesenreiche keine eigentliche deutsche Schule gibt. Alle ehemals als deutsche Schulen bezeichneten Anstalten, die für Kinder russischer Untertanen deutscher Abstammung begründet und zugleich den Reichsdeutschen zugänglich gemacht waren, sind im Laufe des letzten Jahrzehnts dem Ministerium der Volksaufklärung unterstellt worden und stehen unter der Aufsicht der russischen Behörden. Wenn auch in einer Anzahl dieser Schulen die deutsche Sprache noch im Religionsunterricht verwendet und ihr an einigen bevorzugten Anstalten aus historischer Pietät ein Ehrenplatz bewahrt wird, — an der Tatsache ändert dies nichts, daß die Russifizierung vorerst auch auf dem Gebiet des Schulwesens ihren unaufhaltsamen Gang weiter gehen wird. Nur in der Hauptstadt Esthlands, in Reval, hat die Regierung es den deutschen Reichsangehörigen gestattet, für ihre eigenen Kinder eine Schule zu halten, auch in Helsingfors, der Hauptstadt Finlands, besteht noch eine deutsche Unterrichtsanstalt.

In den Balkanstaaten und Rumänien mag der politische Einfluß des Zarenreiches vorherrschen, auf kulturellem und handelspolitischem Gebiet zeigt sich doch der europäische Westen überlegen. Immer mehr breitet sich dort auch der Sinn und das Verständnis für deutsches Wesen und deutsche Arbeit aus, eine Tatsache, die in der starken Beteiligung des einheimischen Elements am Besuch der deutschen Schulen ganz besonders zu Tage tritt. So beträgt an der etwa 200 Schulkinder zählenden deutschen evangelischen Schule zu Belgrad die Zahl der von Haus aus nicht deutschredenden Kinder z. B. nahezu zwei Drittel. Allein so erfreulich an sich dieses Interesse der serbischen Familien für deutsche Bildung und

Zucht auch sein mag, für den deutsch-nationalen Charakter der Schule ergeben sich hieraus schwere Bedenken, und es ist begreiflich, wenn man in Zukunft das Schulgeld für nichtdeutsche und nichtevangelische Kinder erhöhen will, um ein besseres Verhältnis herzustellen. Etwas günstiger liegen in dieser Hinsicht die Dinge in der bulgarischen Hauptstadt. Die deutsche Schule in Sofia zählt unter 152 Schülern 82 mit deutscher, 70 mit fremder Muttersprache. Reichsdeutsche sind es 40, also 4/7 der deutschredenden. Wir machen hier eine Wahrnehmung, die auch noch im weiteren sich uns häufig aufdrängen wird, daß nämlich im Ausland den Kern der deutschen Schulen vielfach nicht nur die Reichsdeutschen, sondern die Deutschredenden überhaupt bilden. Der alldeutsche Gedanke hat dort in der alldeutschen Schule eine politisch unverfängliche Verwirklichung gefunden. Eine mehr reichsdeutsche Färbung zeigt die einzige deutsche Schule in Griechenland, die zu Athen, die freilich auch die Zahl von etwa 45 Schülern nicht übersteigt. An der Spitze hinsichtlich der Förderung des deutschen Schulwesens steht innerhalb dieser Zone Rumänien. In Braila, Bukarest, Galatz und zehn weiteren Plätzen bestehen für die deutschsprachliche Kolonie Schulen, wie die meisten deutschen Auslandschulen überhaupt mit dem Lehrziel der Volksschule, doch auch einige darunter mit höheren Zielen, so die Realschule zu Bukarest, welche die Führung unter den Anstalten dieses Schulkreises beanspruchen darf. Sie ist mit gegen siebenhundert Schülern die am stärksten besuchte deutsche Auslandschule. Wie die sog. Orientalischen Eisenbahnen den Übergang vom Occident zum Orient vermitteln, so schlagen einige Schulen, die für das deutsche Personal dieser Eisenbahnen begründet worden sind, die Brücke von dieser Staatengruppe bis zu der Levante. Die bedeutendste davon ist die von Saloniki, wenn anders man noch eine Schule als deutsche bezeichnen darf, an der im Jahr 1898 unter 202 Schulkindern sechs verschiedene Konfessionen und 17 Nationalitäten vertreten waren.

Wir wenden uns nunmehr dem levantinischen Schulkreis zu, den wir zu Asien rechnen, da nur ein ihm angehörender Platz, Konstantinopel, noch in Europa liegt. Ein getreues Spiegelbild der Weltstadt am Goldnen Horn mit ihrer Vermengung der verschiedensten Nationalitäten tritt uns hier in der neuerdings viel genannten Real- und Höheren Mädchenschule entgegen. Unter

512 Schulkindern zählen wir 311 deutschredende, darunter Österreicher, Schweizer, Kinder persischer und nordamerikanischer Untertanen und andere, deutsch sprechende Orientalen u. s. w., Levantiner 71, Türken 16, Griechen 23, Armenier 46, Engländer 17, Italiener 9, Franzosen und französische Schweizer 6, österreichische Slaven 11, Russen und Bulgaren je 1. Trotzdem ist die Schule ein starkes Bollwerk deutscher Kultur im Osten. Ihren Sitz hat sie in einem prächtigen Heim aufgeschlagen, wie es keine andere deutsche Auslandschule aufweist. Dieses Mustergebäude, zu dem ein patriotischer berliner Architekt unentgeltlich den Entwurf und ein bekanntes Mitglied der dortigen deutschen Kolonie die Kapitalvorschüsse lieferte, die école modèle, wie es die Levantiner nennen, ist unter Beachtung aller Grundsätze der modernen Schulhygiene ausgeführt worden. Bekanntlich hat die Anstalt aus Anlaß des Besuches des deutschen Kaiserpaares im Jahre 1898 die Berechtigung zur Erteilung des Einjährig-Freiwilligen-Diploms erhalten, allerdings nur vorläufig. Sie ist die einzige Auslandschule, die dies erreicht hat.*) Eine Elementar- und höhere Töchterschule ist der Realschule angegliedert. Außerdem bestehen noch vier weitere deutsche bezw. österreichisch-ungarische Schulen in Konstantinopel.

Was die Zusammensetzung des Schulmaterials anlangt, so liegen die Verhältnisse ähnlich in Smyrna, wo die deutsche Schule nur 12 Reichsdeutsche zählt unter 61 Schülern. Es befinden sich an ihr allein mehr Armenier als Reichsdeutsche. Stärker ist das deutsche Element vertreten in den Schulen der Tempelgemeinden zu Haifa, Jaffa und Sarona, in der deutschen evangelischen Gemeindeschule zu Jerusalem, die sich zu einer höheren Schule mit Absolvierung von Unter-Sekunda ausbauen will, und der Schule des Jerusalemvereins zu Jaffa. Internationaler lassen sich wiederum die zwei deutschen Schulen in Alexandrien an, von denen die evangelische höhere Lehrziele verfolgt. Beide sind in der Lage, schön ausgestattete eigene Schulgebäude zu besitzen. Auch zu der Schülerzahl der für 8 Schuljahre berechneten deutschen Schule in Kairo haben 11 Nationen ihr Kontingent gestellt bei 112 Schülern. Welche Aufgaben unter solchen Umständen dem Lehrer und Leiter erwachsen, kann auch der Laie ermessen.

*) In neuester Zeit ist ihr hierin die Allg. Deutsche Schule zu Brüssel gefolgt.

Mit Alexandrien und Kairo haben wir bereits festen Fuß auf afrikanischer Erde gefaßt. Wir borgen uns den Zaubermantel des Doktor Faust und reisen über die Tiefländer des Sudan und die Hochflächen Ost-Afrikas durch all das Gewirr unzivilisierter Negervölker hindurch bis nach der Südspitze des Kontinents, wo die britischen Herrschaftszeichen ankündigen, daß wiederum große Ländergebiete sich öffnen, in denen die europäische Zivilisation und damit auch europäische Schulbildung festen Fuß gefaßt haben. Wir wenden uns zuerst zur Kapkolonie. Als charakteristisch für das deutsche Schulwesen in englischem Kolonialland tritt uns hier gleich die enge Zusammengehörigkeit der Schule mit dem Gemeindeleben, mit der Kirche entgegen. In den westlichen Teilen liegen 7 Schulen, im Osten der Kolonie 10, die auf die Bezeichnung „deutsch" mehr oder weniger Anspruch machen können. Immerhin besteht beispielsweise in Port Elisabeth eine konfessionslose deutsche vierklassige Schule mit eigenem Heim, die der Behauptung eines lange Jahre in Afrika tätig gewesenen Schulmannes zu widersprechen scheint, daß die deutschen Schulen in Afrika den mütterlichen Schutz der Kirche nicht entbehren können. Diese deutschen Schulen sind teilweise englische Regierungsschulen, so daß vielfach der Unterricht in deutscher Sprache nicht den Lehrplan beherrscht. Die beste deutsche Schule Südafrikas, deren Erwähnung unser patriotisches Herz höher schlagen macht, steht jedoch auf einem Boden dubiae possessionis, zweifelhaften Besitzes, — ich meine die deutsche Schule in Johannesburg. Trotz der englischen Invasion hat dieser wackere deutsche Vorposten in Transvaal ausgehalten, ja sich weiterentwickelt, so daß man noch während des Krieges daran dachte, eine Untersekunda aufzusetzen. Ein stattliches Gebäude, von dem die deutsche Flagge weht, beherbergt die meist reindeutschen Eltern entstammenden Schüler, auf geräumigem Spielplatz und in einer Turnhalle, die 500 Erwachsene faßt, üben sie die jugendlichen Glieder, reiche Sammlungen und sonstige Lehrmittel beleben den wissenschaftlichen Unterricht. Diese starke Zitadelle deutscher Geistesbildung in Südafrika, so verhoffen wir fest, werden auch all die Stürme, die noch über dieses arme reiche Land hinbrausen mögen, nicht wegzufegen imstande sein!

Wir verlassen damit den Boden Afrikas und suchen wiederum Asien auf, dessen westliche Hälfte bei der Besprechung des levantinischen Schulkreises bereits berührt wurde. Wir können ohne weiteres den ganzen Länderkoloß überspringen und brauchen uns nur noch an dessen östlichem Saum flüchtig aufzuhalten. Denn erst hier grüßen uns wieder deutsche Laute in deutschen Schulräumen. In Shanghai hat schon vor den deutschen Blaujacken der deutsche Schulmeister die Flagge gehißt, und ein schön gelegenes eigenes Gebäude sieht die Kinder deutscher wie auch anderer, aber nur rein europäischer Eltern aus- und eingehen. Diesem Beispiel hat sich neuerdings Hongkong angeschlossen. Beide jungen Gründungen und in gewissem Sinne auch die Reichsschule in Tsintau sind ein erfreuliches Zeichen dafür, daß auch der deutsche Großkaufmann in Ostasien in deutsch-nationalem Sinne sich mehr zu regen beginnt.

Besteigen wir hier einen deutschen Reichspostdampfer, so gelangen wir durch die ostindische Inselwelt nach Australien. Deutsch im strengern Sinne sind nun allerdings die Schulen meist nicht, die wir hier antreffen. Wie in allen angelsächsischen Kolonialländern hat sich immer mehr die Notwendigkeit der Kenntnis der englischen Landessprache fühlbar gemacht, weshalb heutzutage in gewissen Fächern der Unterricht überall in dieser Sprache erteilt wird. Die Staaten, die allein in Betracht kommen, sind Süd-Australien, Neu-Süd-Wales, Viktoria und Queensland. Im erstgenannten Staat lassen sich etwa 46 deutsche Schulen feststellen, von denen ca. 28 in Verbindung mit der „evangelisch-lutherischen Synode in Australien", die weitaus größte Mehrzahl mit der „evangelisch-lutherischen Immanuelsynode" stehen. Sämtliche Schulen Süd-Australiens werden nach der letzten Schätzung von ca. 1600 im wesentlichen deutschen Kindern besucht, eine Zahl, die jedoch im Wachsen begriffen ist. Was das heißen will, ergibt sich aus der Unentgeltlichkeit des Unterrichts an den englischen Staatsschulen. Günstig ist hierfür das Gedeihen der deutschen Schule wie deutschen Wesens überhaupt das Zusammenleben unserer Volksgenossen in größeren geschlossenen bäuerlichen Siedlungen. Gegenüber diesem Staate kommen die andern aufgeführten kaum in Betracht. Während in Neu-Süd-Wales nur eine deutsche Tagesschule und eine Sonntagsschule existieren, und zwar in Sydney, bestehen in Viktoria nur Bibelstunden und eine Sonnabendklasse in Melbourne, die aber unschwer zur Tagesschule umgewandelt werden könnte, da der dortige deutsche Schulverein bereits 250 Mitglieder zählt. Auch in Queensland knüpft sich deutscher Unterricht an den Kirchendienst in den dortigen deutschen Gemeinden. An etwa 45 Plätzen im ganzen wird deutsch gelehrt, aber von selbständigen deutschen Schulen kann hier nicht die Rede sein, vielmehr gliedert sich der Unterricht ganz den Kirchengemeinden an. Alles in allem sehen wir trotz der gewaltigen Auffaugungsfähigkeit der englischen Kultur gegenüber der bisherigen deutschen in Australien die Verhältnisse nicht ungünstig liegen, und es ist Hoffnung vorhanden, hier dem Deutschtum eine dauernde Stätte zu erhalten. Dazu sind freilich Mittel und Wege erforderlich, wie ich sie später zu kennzeichnen versuchen will.

Ähnlich ist die Lage des Deutschtums in einem anderen vorwiegend angelsächsischen Lande, das auch politisch große Ähnlichkeit mit Australien aufweist — in Kanada. In den schon früh von Deutschen besiedelten Distrikten finden wir keine deutschen Schulen, dagegen ist es wieder eine Religionsgemeinschaft, die den Ruf zur Sammlung des Deutschtums hat erschallen lassen. In Süd-Manitoba, wo deutsche Mennoniten ihre Blockhäuser errichtet haben, sollen gegen 50 deutsche Schulen bestehen, über die freilich nähere Nachrichten fehlen.

Damit sind wir bereits auf amerikanischer Erde angelangt und betreten nunmehr den Boden der Vereinigten Staaten von Nordamerika. Um uns hier zu orientieren, knüpfen wir am besten an die Verhältnisse an, wie wir sie in anderen angelsächsischen Ländern kennen gelernt haben. Überall in diesen Ländern muß derjenige, der vorwärts kommen will, zum mindesten in den Städten, das Englische beherrschen. Aber auch die Kenntnis der deutschen Sprache kann ihm, abgesehen von den an sie geknüpften Gefühls-Imponderabilien, nur nützlich sein. Daher wird in den Familien deutschen Ursprungs, die nicht in Bälde völlig veranglisiert sind, die Zweisprachigkeit vorherrschen. Dieser Grundsatz drang denn auch bald in die deutsche Schule ein und verhalf hier dem Dualismus gleichfalls zur Herrschaft. Sodann begegnet uns auch hier der Wettbewerb der öffentlichen Schule, die eine Menge gut geleiteter deutscher Privatschulen in den V. St. zwang, ihre Tore zu schließen. Diese wurde besonders gefährlich dadurch, daß die öffentlichen Schulen überall, wo das Bedürfnis sich zeigte, der deutschen Sprache auch ein Plätzchen, an vielen Orten sogar einen recht ansehnlichen Platz einräumten. Schon seit 1840 ist der deutsche Unterricht in die Volksschule eingedrungen, und beispielsweise in Ohio bestimmt das Gesetz, daß der Unterricht im Deutschen an den Volksschulen eines Distriktes eingeführt werden muß, wenn eine bestimmte Zahl von Bürgern dies verlangt. Aus unserer Untersuchung über die deutschen Schulen innerhalb fremder Staaten wird hier eine Untersuchung über das deutsche Element innerhalb des Schulwesens der V. St. Und da ist nun allerdings festzustellen, daß ganz ungleich dem geringen politischen Einfluß des deutschen Elements der deutsche Sauerteig innerhalb des Bildungs-, wie speziell des Schulwesens der Union von ganz hervorragender Bedeutung ist. Der Direktor des Nationalen deutsch-amerikanischen Lehrer-Seminars zu Milwaukee, Emil Dapprich, spricht es offen aus, daß die Reform des öffentlichen Schulwesens in den letzten 50 Jahren vorzugsweise dem Einfluß deutscher Pädagogik und deutscher Pädagogen zuzuschreiben ist. „Eine Reihe verdienstvoller deutscher Schulmeister", heißt es bei ihm, „ist in den Vereinigten Staaten zu hohen Ehren gelangt, und wir dürfen es mit Stolz sagen, durch unermüdliche, mustergiltige Arbeit auf dem Gebiet der Volkserziehung. In keinem andern Lande der Welt hat die Arbeit Pestalozzis, Fröbels, Diesterwegs, Herbarts eine so bedingungslose Anerkennung und begeisterte Nachfolge gefunden als in diesem Lande, und die besten unseres Standes haben freimütig anerkannt, daß die deutsche Pädagogik ihnen den Weg gewiesen hat, auf dem sie die amerikanische Volksschule zur Höhe ihrer Entwicklung geführt haben." Inwiefern wir uns über diese kulturellen Eroberungen vom deutsch-nationalen Standpunkt aus zu freuen haben, oder ob dies weniger der Fall ist, mag später erörtert werden. Hier sei nur festgestellt, daß von einer größeren Bedeutung der etwa als deutsche Schulen anzusprechenden Privat-Anstalten im Sinne der deutsch-nationalen Interessen nicht die Rede sein kann.

Folgen wir sodann dem neuesten Fluge des Sternenbanners nach der westindischen Inselwelt, so haben wir heute noch in der Havanna Gelegenheit, eine stattliche, mit sechs Lehrkräften besetzte vierklassige deutsche Schule zu besuchen. Allein ob diese vereinzelte junge pädagogische Schöpfung in der neuen Ära ihren deutschen Charakter bewahren wird, erscheint zum mindesten sehr zweifelhaft.

Damit kehren wir dem angelsächsischen Amerika den Rücken und wenden uns den spanisch-portugiesischen Kreolenstaaten zu. Von diesen gehört noch dem nördlichen Kontinent bekanntlich Mexiko an, ein Staat, der lange ein besonders gesuchtes Ziel deutschen überseeischen Unternehmungsgeistes war. Trotzdem besteht hier nur eine deutsche Schule, allerdings eine der besten deutschen Auslandschulen. Die Anstalt, in der Stadt Mexiko gelegen, verfolgt die Ziele einer Realschule bezw. Töchterschule, ca. 150 Kinder werden von 8 Lehrkräften unterrichtet. In dem angrenzenden Mittel-Amerika, wo gleichfalls deutsche Handelsinteressen stark vertreten sind, fehlt eine deutsche Schule gänzlich, und selbst in dem gewaltigen Kolumbien, wo ein Drittel des Handels in deutschen Händen liegt, gibt es z. B. keine einzige solche, da die kleine Anstalt, die in Bogota ihr Dasein gefristet hatte, dank des in Kolumbien endemisch gewordenen Revolutionsfiebers glücklich aufgehört hat zu bestehen.

Noch schlimmer steht es in Ekuador, wo überhaupt niemals eine deutsche Schule vorhanden war.

Dagegen betätigt in Venezuela wenigstens das Deutschtum in Caracas eine würdige Fürsorge für das heranwachsende Jung-Deutschland. Freilich, von den 91 Schulkindern sind nur 35 rein deutscher Abstammung, während wenigstens bei 17 entweder der Vater oder die Mutter deutsch sind. Die übrigen sind Venezolaner. Auch in Peru kann, genau genommen, nur eine Schule, die in Callao, die für 28 Kinder ein eigenes Gebäude besitzt, als deutsch gelten. Über eine deutsch-katholische Schule im Innern Perus fehlen nähere Nachrichten. Ganz gewaltig verändert sich das Bild, wenn wir das benachbarte Chile betrachten, bekanntlich einen der fortgeschrittensten Staaten unter den lateinischen Republiken Südamerikas. Nicht weniger als 23 deutsche Schulen dienen hier der deutschen Sache, diese allerdings verschieden an Frequenz und Leistungen. An der Spitze stehen die Schulen von Valdivia, Osorno und Valparaiso, 3 Städten, die ihr Aufblühen zum großen Teil dem dortigen Deutschtum verdanken. Die Schule in Valdivia entspricht ihrer ganzen Organisation nach etwa einer preußischen Mittelschule mit gebührender Berücksichtigung der spanischen, englischen und französischen Sprache. Vier Klassen haben gemeinsame Erziehung der Geschlechter, die drei oberen getrennte. Zusammen sind es 436 Schulkinder. Schon seit 1866 besitzt die Schule ein eigenes Gebäude und neuerdings auch eine Turnhalle. Auch in Osorno gründete sich die deutsche Kolonie frühzeitig, schon im Jahre 1854, eine eigene Schule, die in zwei eigenen Gebäuden untergebracht ist. Die Lehrziele sind dieselben wie in Valdivia, die Schülerzahl 259. Auch die deutsche Schule in Valparaiso gehört zu den verhältnismäßig frühen deutschen Schulgründungen; sie besteht seit 1858 und steckt sich für die Knaben das Ziel einer deutschen Realschule, für die Mädchen das einer höheren Töchterschule. Auch hier spricht die stattliche Zahl von 212 Schulkindern für das Blühen der Anstalt. Dabei besteht am selben Platze ein Konkurrenz-Unternehmen, das „Deutsche Institut", das gleichfalls über zwei eigene Gebäude verfügt.

Von den übrigen deutschen Schulen Chiles mögen noch wegen der eigenartigen örtlichen Verhältnisse die der deutschen Gemeinden am See Llanquihue hervorgehoben werden. Rings um dieses schöne, von den Schneebergen der Kordilleren überragte Gewässer haben seit der Mitte des vorigen Jahrhunderts deutsche Kolonisten unter unsäglichen Entbehrungen und Mühsalen unwirtliche Urwälder in grüne Matten und blühende Obstgärten verwandelt, und ein Kranz von freundlichen Siedlungen umsäumt heute die Ufer des Sees. Anfangs zogen Wanderlehrer von Siedlung zu Siedlung und unterrichteten in den Schulen am Tage die Kinder deutsch, abends gaben sie den Erwachsenen Unterricht im Spanischen. Später schritt man zur Gründung von kleinen ständigen Schulen, die meist von Autodidakten geleitet werden. 11 solcher Miniatur-Anstalten sorgen z. B. für den Unterricht der Schuljugend der ca. 300 deutschen Familien, denen sich noch Chilenen zugesellen.

Wenn schon hier die bisherigen Erfolge der deutschen Schule im großen Ganzen erfreuliche sind, so können wir mit nicht geringerer Genugtuung auch auf die Leistungen der mit der Pazifikmacht Chile rivalisierenden Republik am Atlantischen Ozean blicken. In Argentinien trifft man heutzutage kaum eine Ortschaft, die bei nur spärlicher deutschredender Bevölkerung nicht ihre eigene Schule hätte. Besonders die zahlreich vertretenen Schweizer haben sich hier als wertvolle Bundesgenossen in dem Kampf um Erhaltung und Durchsetzung deutschen Wesens erwiesen, in ähnlicher Weise Deutsch-Österreicher, Skandinavier, Dänen, wie sich denn überhaupt überall in Südamerika ein starkes Zusammenhalten aller germanischen Elemente — mit Ausschluß der Angelsachsen — in erfreulicher Weise geltend macht. Im Ganzen sind es in Argentinien etwa 35 deutsche Schulen, in denen rund 2000 Kinder unterrichtet werden. Erfreulicherweise hat sich in neuester Zeit am Laplata ein „Allgemeiner deutscher Schulverband" gebildet, der beabsichtigt „den Zusammenschluß sämtlicher konfessionslosen und paritätischen deutschen Schulvereine Argentiniens, wie auch der übrigen Länder Südamerikas behufs möglichster Einheitlichkeit der in Anwendung kommenden Lehrmittel und Lehrpläne." Es handelt sich hier um eine ähnliche Bewegung, wie sie z. B. in der Levante im Gange ist, wo die deutschen Schulen von Konstantinopel bis Kairo in einen Verband vereinigt werden sollen, und wie sie bereits in Australien zu einer Sammlung der dort wirkenden Lehrer geführt hat. Auch der Verein deutscher Lehrer mit dem Sitz in Antwerpen gehört hierher, ebenso die ganz neue Vereinigung der deutschen Lehrer in Rio Grande, Süd-Brasilien, und der allerneueste in Italien vollzogene Zusammenschluß. Eine Zeitschrift für die gesamte ausländische deutsche Lehrerschaft ist von Antwerpen aus ins Leben gerufen worden. An der Spitze des deutschen Schulwesens marschiert in Argentinien natürlich die große Laplata-Hauptstadt Buenos-Aires, in der allein 4 deutsche Schulen bestehen. Von diesen ist die älteste die Deutsche Gemeinde-Schule, die sich wieder in drei räumlich getrennte Anstalten, darunter eine Realanstalt, spaltet. Die deutsche Schule Buenos-Aires ist eine Neugründung, die den Grundsatz, daß Kirche und Schule zu trennen sind und der nationale Gedanke allein das Deutschtum in der Fremde aufrecht erhalten kann, ganz besonders stark betont. Ihr Bestreben geht also dahin: Größtmögliche Ausbildung auf deutscher Grundlage, Zurückdrängen aller politischen und religiösen Meinungsverschiedenheiten. Seit 1898 hat sich diese Schule bereits zu einer 8klassigen Bildungsanstalt entwickelt mit 253 Kindern. Weniger bedeutend sind die zwei Vorstadtschulen, von denen es aber die eine immerhin auf 122 Schulkinder gebracht hat. Die übrigen deutschen Schulen verteilen sich hauptsächlich auf die Staaten Santa Fé, Entre Rios und Cordoba. Die bedeutendste davon ist die in Rosario, wo bekanntlich zahlreiche Deutsche wohnen. Auch hier hat sich die Opferwilligkeit der deutschen bezw. teutoargentinischen Gemeinde betätigt in der Herstellung eines schönen Schulgebäudes, dem bald eine Turnhalle nachfolgen soll.

Von allen Kreolenstaaten ist Brasilien jedoch derjenige, der, entsprechend der Bedeutung des dortigen deutschen Elements, die meisten deutschen Schulen aufweist. Wir teilen diese am besten ein in die Schulen der Diaspora im engeren Sinne an Plätzen, wo das Deutschtum nicht in geschlossenen Massen sich vorfindet, und die Schulen der teuto-brasilischen Koloniegebiete. Unter den ersteren stehen naturgemäß voran diejenigen der Bundeshauptstadt Rio de Janeiro, und des nahen Petropolis, der Sommerresidenz der diplomatischen und sonstigen vornehmen Welt. Die Lehrziele dieser Anstalten sind freilich keine hohen. Entsprechend der starken Vertretung des Deutschtums in Handel und Wandel des Staates Sao Paulo kann sich dort auch die deutsche Schule wohl sehen lassen: 9 Schulen daselbst dürfen wir als solche bezeichnen, an ihrer Spitze stehen die zwei in der gleichnamigen Hauptstadt selbst begründeten. Auch die kleine Schule Castro im Staate Parana und die in Santa Leopoldina in Espirito Santo müssen wir zur Diaspora rechnen. Dagegen haben wir das Recht, die Staaten Rio Grande do Sul und Santa Catharina, wo bekanntlich große nahezu geschlossene deutsche Siedlungen sich vorfinden, als eine besondere eigenartige Schulprovinz für sich zu betrachten. Freilich, die Schulen in den größeren Städten wie Porto Alegre, Rio Grande und selbst Blumenau unterscheiden sich nicht wesentlich von den deutchsen Schulen in ähnlichen überseeischen Städten mit starker deutscher Bevölkerung. Nur daß in Porto Alegre die Knabenschule des deutschen Hilfsvereins äußerlich so eindrucksvoll in Erscheinung tritt wie nur ganz wenige andre deutsche Auslandschulen. In freier gesunder Lage erhebt sich über dem Guahyba-Becken, in dem sich fünf Flüsse vereinigen, auf einem Granitfelsen das stattliche geräumige Gebäude mit Lehrerwohnungen, gedeckten Wandelgängen, Vorplatz und großem, mit Bäumen bepflanzten Hofraum. Und ähnliches läßt sich von Blumenau rühmen. Was aber das Interesse jedes deutschen Patrioten in besonderem Maße fesseln muß, das sind die Schulen der eigentlichen Kolonie-Zonen. Ferne von „Europens übertünchter Höflichkeit“ kämpft hier der deutsche Geistliche und Lehrer, wie der unzünftige Autodidakt im Schatten der Urwaldsriesen den Riesenkampf mit den trotzigen Hinterwäldlern, die wohl ihre Sprößlinge ein paar Jahre in die Schule schicken, aber nach alter deutscher Gepflogenheit dieses Vergnügen möglichst umsonst haben wollen. Freilich, auch unter diesen Schulen gibt es höherstehende Anstalten, an deren Betrieb recht wohl der reichsdeutsche Maßstab angelegt werden darf. So die deutsche Synodalschule zu Santa Cruz in Rio Grande, die unter der zielbewußten Leitung zweier evangelischer Geistlicher in 1½ Jahren von 80 Schülern es auf 210 brachte, ferner die Schule des „Schulvereins zu Joinville" mit 150 Schülern und die großen katholischen Lehranstalten zu Sao Leopoldo, die, von deutschen Jesuiten und Schulschwestern geleitet, in wahren Schulpalästen untergebracht, von denen der eine ca. 250 Pensionäre beherbergt, sich allerdings nicht deutsche Schulen nennen. Im großen Ganzen jedoch kann es sich hier nur um ziemlich primitive Betriebe handeln, eine Folge vor allem der mangelnden Verkehrswege und der Geldschwierigkeiten, mit denen diese Urwaldschulen stets zu kämpfen haben. Um so rühmenswerter sind die Leistungen so mancher wackerer deutscher Schulmänner, an deren stillem Heldentum man hier in Deutschland nur zu gerne achtlos vorübergeht. Die Zahl dieser Urwaldschulen allein in dem südlichsten Brasilien, in Rio Grande, mag nach der Schätzung eines dortigen Schulmannes 600 betragen, im Municip Joinville in Santa Catharina sind es 19, in der Kolonie Blumenau 74.

Suchen wir das Eigenartige dieser brasilischen Schulverhältnisse in den genannten beiden Südstaaten hervorzuheben, so zeigt sich im Gegensatz zu vielen anderen Gebieten mit zahlreicher deutscher Bevölkerung ein zähes Festhalten an der deutschen Sprache und Sitte, wie es hier das Siedeln inmitten von kreolischer Bevölkerung erleichtert, während überall in angelsächsischer Umgebung mit der deutschen Sprache auch die deutsche Eigenart starke Einbuße erleidet. Freilich darf man sich andrerseits auch keiner Täuschung darüber hingeben, daß verhältnismäßig noch außerordentlich wenig geschehen ist, um diesen an sich so verheißungsvollen Boden so zu bebauen, wie er es verdient. Darüber ist man in den eingeweihten Kreisen drüben einig, daß eine dauernde materielle Hebung der deutschen Urwaldkolonien nur von einer entsprechenden Verstandesentwicklung erwartet werden darf. Erst müssen lebensfähige Schulgemeinden, einheitliche Leitung, Schulzwang, Inspektion durch Fachleute geschaffen werden, dann wird auch die weitere Frage zu lösen sein: die gleichmäßige Vorbildung von

Söhnen der Kolonie für den Landschulberuf. Einstweilen besitzt die Masse der deutschen Kolonisten nicht die erforderliche Bildung, um am politischen Leben anders als durch Abgeben von Stimmzetteln, die wo möglich gar nicht gezählt werden, Anteil nehmen zu können, und deshalb können sie den ihnen gebührenden Einfluß auf die Regierung ihrer Staaten zum mindesten in Rio Grande nicht gewinnen. Das Festhalten an der Muttersprache allein wird hier auf die Dauer aus einem anscheinenden Vorzug zu einem entschiedenen Nachteil, die Kenntnis dieser wie der Landessprache zugleich erweist sich hier immer mehr als eine Notwendigkeit.

Erfreulicherweise mehren sich die Anzeichen, daß man in Deutschland den Schulverhältnissen in den brasilischen Südstaaten, mit denen die Zukunft des Deutschtums steht und fällt, erhöhte Aufmerksamkeit zuwendet. In seinen großen Privatkolonien in Rio Grande widmet Dr. Hermann Meyer dem Schulwesen besondere Fürsorge, und in Hammonia (Kolonie Hansa in Sta. Catharina) versammelt Dr. Aldinger, der mitten im Urwald eine Tochteranstalt der deutschen Kolonialschule zu Witzenhausen, „Palmenhof", errichtet hat, die Kolonisten zu einer Schulgemeinde. Wahrlich, wo deutsches Wesen seine Wurzeln so tief eingesenkt hat, da wird, so dürfen wir zuversichtlich hoffen, der Stamm auch immer weiter treiben und weithin seine Äste ausbreiten!

Wie im übrigen Südamerika sind auch in dem Binnenstaat Bolivien die deutschen Interessen stark vertreten, allein bei der geringen Zahl der dort wohnenden Volksgenossen, vor allem deutscher Familienväter, darf es nicht Wunder nehmen, wenn es dieses Land noch zu keiner einzigen deutschen Schule gebracht hat. Dagegen treffen wir selbst in dem kleinen Paraguay vier, allerdings bescheidene deutsche Schulen an, und das nicht viel größere Uruguay besitzt wenigstens eine in dem Welthandelsplatz Montevideo, die verhältnismäßig gut besucht ist, aber mit nur 20% von Haus aus deutsch sprechender Kinder.

Damit wäre unsere pädagogische Inspektionsreise um die Erde beendet. Wir haben den deutschen Schulmann bei seiner Arbeit belauscht an den Stätten einer alten Kultur im Osten, wo Kinder der verschiedensten Nationalitäten zu seinen Füßen sitzen und das modernste Schulmobiliar und die teuersten Lehrmittel ihm zur Verfügung stehen, und wir haben gesehen, wie er, vor allem in geistlichem Gewande, an den Kindern des deutschen Volkes in einfachen Fabrikschulen des westlichen Europa deutsch-nationale Arbeit tut oder die verwahrlosten Sprößlinge der Kolonisten in den grünen Wildnissen des südlichen Amerika unter dem Schindeldach einer Urwaldschule um sich schart. In erster Linie der Tatkraft der ausländischen deutschen Volksgenossen in allen Ländern und Zonen ist es gelungen, überall das Deutschtum durch die Schule als Mittelpunkt deutsch-nationaler Kulturbestrebungen hier mehr, dort weniger fest zu verankern mit der alten Heimat und dem Deutschen im Ausland einen Mittelpunkt zu schaffen, in dessen Atmosphäre nicht nur seine Kinder, sondern auch er selbst ebenso in der geistigen Luft der Heimat zu atmen vermag, wie er an Bord eines deutschen Kriegsschiffes gewissermaßen deren Boden unter seinen Füßen fühlt.

Es möge nun noch der Versuch gemacht werden, in einem kurzen Überblick die Organisation und die Leistungen der deutschen Auslandschulen zu würdigen. In der Regel war zuerst die Schule mit der Kirche verbunden, vielfach ist dies so geblieben, so besonders, wie wir sahen, in den englischen Kolonialländern, anderwärts sind, öfters im Gegensatz zu den bestehenden Schulen mit konfessioneller Färbung, andere interkonfessionellen Charakters entstanden. Im großen Ganzen wird man sagen können, daß die bedeutenderen und leistungsfähigsten Schulen konfessionslos sind. Dabei wird nicht überall an solchen Anstalten der Religionsunterricht völlig den Geistlichen außerhalb der Schule überlassen. In Valparaiso beispielsweise gibt der Direktor der „Deutschen Schule" seit 1867 konfessionslosen Religionsunterricht, an dem sich — mit sechs Ausnahmefällen in 32 Jahren — sämtliche Kinder, Katholiken wie Protestanten, beteiligten. Eine Klage über diesen Unterricht ist nach Versicherung des Direktors von keiner Seite erhoben worden. Die Vorteile der Scheidung von Schule und Kirche zeigen sich besonders in Ländern, wo das deutsche Element unter einem fremden Volke gleichen Glaubens siedelt, in der Möglichkeit einer stärkeren Betonung des Nationalen. Es liegt auf der Hand, daß eine protestantische Schule in Australien oder Südafrika, wo die englische Regierungsschule auf dem Boden desselben Glaubensbekenntnisses steht, infolge ihres konfessionellen Charakters eher verengländern wird, als eine konfessionslose, lediglich auf nationaler Grundlage ruhende. Ebenso werden deutsche Schulen katholischen in romanischen Staaten eher geneigt sein, in dem katholischen fremden Volkstum aufzugehen als dies sonst der Fall wäre. Schäfer hebt in seinem unlängst erschienenen Buch „Die Erziehung der deutschen Jugend im Auslande" hervor, daß da, wo die konfessionelle Kirchengemeinde zugleich die Schulgemeinde darstellt, die Minderheit von andersgläubigen Volksgenossen in Schulsachen sich als Deutsche zweiter Klasse fühlen müssen. Man bedenke, daß die Mitgliedschaft bei den meisten Kirchengemeinden nur in konfessioneller, nicht aber in nationaler und staatspolitischer Hinsicht beschränkt ist. „Es kann also jetzt noch der Fall eintreten, daß auch Russen, Franzosen, Engländer, Dänen, Amerikaner u. s. w. Mitglieder des Kirchenvorstandes werden, und als solche über die Verwendung der Reichsbeihilfen befinden dürfen, während der andersgläubige Reichsdeutsche achtlos auf der Seite bleibt." Schäfer verlangt daher, daß das Reich die Fürsorge für „Glaubensgenossen" den kirchlichen Instituten und dem Privatinteresse überlasse und die Reichsmittel nur in nationalem Sinne ausgegeben werden sollen. Allerdings werden die Zuschüsse des Reichs nur unter der Bedingung gewährt, daß alle Kinder deutscher Reichsangehöriger ohne Unterschied des Glaubensbekenntnisses zum Schulbesuch zugelassen werden müssen, und diese heilsame Anordnung hat wenigstens dazu geführt, daß an vielen Orten derartige Schulen auch den Kindern andersgläubiger Stammesgenossen zugänglich gemacht wurden; immerhin blieben doch, wie erwähnt, die andersgläubigen von der Verwaltung nach wie vor ausgeschlossen. Wie derselbe Autor, dem eine langjährige Erfahrung im Auslanddienst zur Seite steht, bemerkt, sorgen in solchen Fällen die Geistlichen der Minderheit eifrig dafür, daß man der Schulleitung kein allzugroßes Vertrauen entgegenbringt. Hunderte, tausende deutscher Katholiken schicken nach ihm ihre Kinder in fremde, französische, italienische, spanische Schulen, nur um den lästigen Mahnungen ihrer Geistlichen vorzubeugen. So hat man denn vielfach sich entschlossen, ganz selbständige Schulgemeinden zu gründen, für die bis auf den Religionsunterricht in allen Stücken Gleichberechtigung der Bekenntnisse auf Grund deutscher Staats- oder Stammesangehörigkeit gilt. Diese interkonfessionellen Schulgemeinden vermögen auch am besten an Plätzen, wo viele Deutsche verschiedener Konfessionen zusammenleben, einen „ruhenden Pol" zu bilden in der Flucht der mannigfachen Erscheinungen der deutschen

Vereinsmeierei, die ja im Ausland nicht weniger ihre Blüten treibt als innerhalb der schwarz-weiß-roten Grenzpfähle. Mit Recht hebt Schäfer hervor, daß die Schulgemeinde am besten den neutralen Boden abgibt, auf dem sich alles zusammenfindet, was sich deutsch nennt, ohne Unterschied der politischen, religiösen und sozialen Stellung. „Namentlich wird die stete Bezugnahme auf die Kinderwelt der Erhaltung und Förderung des Familienlebens dienen, dem im Ausland besondere Wichtigkeit beizumessen ist.“ In Brüssel veranstaltet die dortige deutsche Schule jeden Winter besondere Vortragsabende, die sich für die Hebung des Gemeingefühls in der deutschen Kolonie recht förderlich erwiesen haben. Unlängst wurde von Deutschen in Brasilien eine Vortragsreise von zwei reichsdeutschen Gelehrten, einem Physiker und einem Historiker, nach einigen großen Städten dieses Landes veranstaltet. Deutsche Schulgemeinden könnten da und dort solche Veranstaltungen ins Leben rufen, die für die Verbreitung der deutschen Kultur und den Zusammenhalt der Kolonie von wesentlicher Bedeutung sein könnten. Der Fahnenweih-, Kegelbahn- und Bierkrug-Pariotismus muß dann allerdings zurücktreten. Es ist alles Ernstes schon oft genug vorgekommen, daß Angehörige fremder Nationen in dem mystischen § 11 neben dem unvermeidlichen Bierfaß, die auf den Schildern der ausländischen Vereine zu prangen pflegen, ein geheimnisvolles Symbol des Deutschtums erblicken, dieses Wappenschild gewissermaßen als „Reichsschild“ auffaßten. Aber eine Beeinträchtigung der Herrschaft dieses § 11 könnte unter den Deutschen im Ausland wie im Inland wohl stattfinden, ohne daß diese deshalb ihr besseres Ich preiszugeben brauchten.

Wenn die Verwaltung der einzelnen Auslandschulen entweder in den Händen des Kirchenvorstandes unter Vorsitz des Pastors oder von Vorständen rein weltlichen Charakters unter Beiziehung des Direktors liegt, so nehmen doch auch häufig die diplomatischen oder konsularischen Vertreter des Reichs eine bevorzugte Stellung bei den Beratungen ein, besonders wenn die jährlichen Zuschüsse von seiten des Reichs sich auf einer entsprechenden Höhe bewegen. So bezahlt das Reich an die Schule in Konstantinopel, die übrigens immer noch amtlich „Schule der Deutschen und Schweizer Schulgemeinde“ heißt, eine Unterstützung von 30000 Mk. jährlich, also ein Zehntel der gesamten für die Auslandschulen verfügbaren

Summe. Dafür ist zu jeder Änderung der Satzungen die Genehmigung des Kaiserlich Deutschen Botschafters erforderlich. Dieser entsendet außerdem in den Schulrat einen ständigen Vertreter mit vollem Stimmrecht, auch in der Generalversammlung der Schulgemeinde. Die Aufsicht von seiten der Behörden der fremden Staaten wird sehr verschieden ausgeübt. Wo ein solcher Staat einen Beitrag zur Unterhaltung einer deutschen Schule bezahlt, macht er auch von seinem Aufsichtsrecht mehr Gebrauch. In Staaten, wo das nicht der Fall ist, und wo es an einem starken Regiment fehlt, schwindet die Aufsicht oft auf ein Minimum zusammen.

Wir kommen damit auf die Frage der finanziellen Verwaltung der deutschen Auslandschulen. Entsprechend dem dringenden Bedürfnis, das sich geltend machte, haben sich meist Interessenten oder Freunde und Gönner des Schulwesens zuerst zusammengetan, um aus eigenen Mitteln und mit Hilfe des Schulgeldes die finanzielle Grundlage zu schaffen. Religiöse und weltliche Vereine in der alten Heimat bedachten dann die neue Schöpfung mit Unterstützungen. Durch die Vertreter des Reichs wurde das Auswärtige Amt da und dort um Beiträge angegangen, und je nach Befinden einmalige oder ständige Reichsbeihilfe gewährt oder verweigert. Diese Beihilfe konnte freilich nur einem kleinen Teil der Schulen zugute kommen, so in Brasilien mit seinen hunderten von deutschen Schulen nur deren 29. Im ganzen erhalten gegen 70 Schulen eine Unterstützung. Da wurde es denn oft ganz besonders dankbar empfunden, wenn der deutsche Kaiser, der besondere Förderer der deutschen Schule im Ausland, mit Zuwendungen aus der kaiserlichen Schatulle einsprang. Allein trotz dieser mannigfachen Förderung sehen die meisten Schulen in finanzieller Hinsicht keineswegs vertrauensvoll in die Zukunft. Für die meisten kleineren Schulgemeinden bildet das Schmerzenskind die Wohnungsfrage. Sehr häufig müssen sich die Schulen in geradezu ärmlicher Weise in Mietswohnungen herumplagen, während andere Nationen, die den Wert einer nationalen Schule im Ausland besser zu würdigen verstehen, daneben mit wahren Schulpalästen paradieren. Ich erwähne hier nur die französisch-katholischen Missionsschulen in Halb-Asien und im eigentlichen Orient. Neben diesem Mißstand spielt der Lehrermangel eine Hauptrolle.

Es ist eine alte Klage der deutschen Auslandschule, daß die tüchtigen deutschen Lehrkräfte häufig in erster Linie zu dem Zweck ins Ausland gehen, um die dortige Landessprache an Ort und Stelle zu erlernen und dann zu den Fleischtöpfen der heimischen Pensionsberechtigung zurückkehren. Dafür müssen dann oft allerhand schiffbrüchig gewordene Existenzen aus den verschiedensten Berufen aushelfen. Dies trifft natürlich für die besseren, reicher dotierten Anstalten nicht zu, allein auch diese haben mit ganz wenigen Ausnahmen unter der Unbeständigkeit des Lehrerpersonals zu leiden.

Aber flüchten wir uns von diesem unerfreulichen Thema auf ein weniger materielles Gebiet und wenden wir unsre Aufmerksamkeit schulmännisch-technischen Fragen zu. Daß die Lehrpläne nicht einfach denjenigen der Volks- und mittleren Schule in den einzelnen Bundesstaaten Deutschlands entsprechen können, ist ohne weiteres klar. Vor allem liegt nahe, daß überall in fremden Ländern von europäischer Kultur deren Sprache neben der deutschen einen Unterrichtsgegenstand bilden wird. Schon hieraus ergibt sich eine Mehrbelastung gegenüber den deutschen Plänen. Dazu kommt häufig die Heimatkunde und Geschichte des betreffenden Adoptivvaterlandes. In manchen Ländern werden die sprachlichen Verhältnisse dadurch verwickelter, daß neben einer oder mehreren europäischen Fremdsprachen, wozu die deutsche Muttersprache tritt, eine einheimische Volkssprache gesprochen wird, die sich die Kinder oft ganz besonders gern aneignen. So macht beispielsweise in Alexandrien der junge Deutsche in der école allemande — so lautet die amtliche Nebenbezeichnung der deutschen evangel. Schule — schon frühzeitig Bekanntschaft mit dem Französischen, er lernt außerdem durch den Verkehr mit seinen italienischen Mitschülern deren Sprache oberflächlich kennen, und das Arabische lehrt ihn die Straße, der Verkehr im väterlichen Geschäftslokal, die Dienstboten. In Asunción, der Hauptstadt der südamerikanischen Republik Paraguay, fühlen sich die Kinder deutscher Eltern mehr als zu ihrer Muttersprache zu dem Idiom der Paraguayos, dem Guarany, hingezogen. Diese Indianersprache schmeichelt sich durch ihre Naturlaute, ihre sinnliche Ausdrucksfähigkeit bei ihnen ein. Angesichts solcher Mehrleistungen in den Fremdsprachen schon in frühem Alter ist es kein Wunder, daß das Bedürfnis nach Kenntnis der toten Sprachen ein höchst geringes ist. Wenn auf deutschen

Auslandschulen Latein und Griechisch gelehrt wird, so geschieht es eben hauptsächlich mit Rücksicht auf die vaterländischen Lehranstalten, an die die betreffenden Schüler vielleicht übergehen sollen. Die Kenntnis des Deutschen wird vielfach bei den Schulkindern, besonders wo eines der Eltern nichtdeutsch ist, gegenüber den Verhältnissen im Reich zurückstehen, dafür tritt aber einigermaßen Ersatz ein dadurch, daß innerhalb der deutschen Kolonien in den ausländischen Städten infolge der zwanglosen Mischung der deutschen Stämme und des Fehlens einer dialektredenden Volksmasse im großen ganzen ein gutes, dialektfreies, allerdings oft etwas charakterloses Deutsch gesprochen wird. Häufig kommen den deutschen Auslandschulen die klimatischen Vorzüge ihres Landes verbunden mit größerer pädagogischer Bewegungsfreiheit gegenüber den deutschen zugute und ermöglichen eine planmäßige hygienische Behandlung der Schüler. Der Leiter einer kleinen deutsch-chilenischen Schule in Quilpué bei Valparaiso hebt besonders seine Bemühungen hervor, die mit jeder Schulerziehung verbundenen Beeinträchtigungen der Gesundheit auf ein Mindestmaß zu beschränken. „Soll man sich nicht ernstlich vorhalten", schreibt er, „daß diese so ganz naturwidrige Kettung und Einsperrung zarter Jugendleiber in Binnenluft, Schulbank und Schatten heutzutage im allgemeinen viel zu weit, strafwürdig weit getrieben wird?" Die Fenster der luftig gelegenen Schulzimmer brauchen dort während keiner Jahreszeit geschlossen zu werden, die Hausaufgaben treten sehr zurück, besonders das Auswendiglernen, häufige Ausflüge in die romantische Umgebung werden gemacht. Hinsichtlich des systematischen Religionsunterrichts betont er: „Nicht Religion neben unserm Leben, sondern unser Leben selbst Religion", dieser Grundsatz Egidys war auch bisher der höchste Grundsatz für das Leben unserer kleinen Schule, und ich glaube zu ihrem Segen."

Eine der wichtigsten schultechnischen Fragen, weil drüben meist die staatliche Autorität nicht hinter der Schule steht, ist die der Schulzucht und vor allem des Schulbesuchs. Da und dort wirkt in letzterer Hinsicht das Klima störend ein. So beginnt in Kairo schon im Mai die Hitze die Eltern zu verscheuchen, die, wo möglich, nach Europa flüchten. Im Juli ist der Schulbesuch oft so gering, daß eine Fortsetzung des Unterrichts sich kaum verlohnt. Im Februar 1898 betrug die Besuchsziffer der dortigen deutschen

Schule 112 Kinder, im Juni war sie bereits auf 80 herabgesunken. Auch der Direktor der Knabenschule des deutschen Hilfsvereins in Porto Alegre, Südbrasilien, klagt in dem Jahresbericht von 1898 darüber, daß manche Schüler ganz nach Belieben unter Beistimmung ihrer Eltern vor dem Schluß des Schuljahres der Schule einfach fernbleiben. Von 73 Knaben, welche die beiden Abteilungen der ersten Klasse besuchten, nahmen nur 15 vollständig das ganze Jahr durch am Unterricht teil. Beim Schluß des Schuljahres 1897 ließ der Direktor der deutschen Schule in Valparaiso den Eltern eine Mitteilung zugehen, worin es u. a. heißt: „In unserer Schule gibt es noch immer Kinder, die durchschnittlich im Jahre 360 bis 400 Stunden gefehlt haben, ohne krank gewesen zu sein. Ja, wir haben sogar Schüler und Schülerinnen, die während des ganzen Jahres den Unterricht nicht eine einzige Woche ununterbrochen besucht haben .... Geradezu ein Krebsschaden für den Unterricht ist das häufige, oft nur stundenweise Fehlen der Kinder bei der geringfügigsten Ursache. Da muß Geburtstag gefeiert, eine Tante abgeholt, ein Onkel an Bord oder an die Bahn gebracht, für den Papa etwas besorgt, mit der Mama „wohin“ gegangen werden. Um Erlaubnis wird dabei selten gefragt, eine schriftliche Entschuldigung noch viel weniger geschickt. Drängt man aber auf beides, so bekommt man entweder gar keine Antwort, oder es giebt schriftlich und mündlich zuweilen Aufklärungen, bei deren Abfassung Knigges „Umgang mit Menschen“ nicht zu Rate gezogen worden ist.“ Wenn ein Tertianer die deutsche Schule zu Johannesburg schwänzt, um in den Reihen der Buren zu fechten, so kann man dies als außergewöhnlichen Fall gelten lassen, daß aber auch sonst in Südafrika viel geschwänzt wird, geht aus einer Mitteilung von Prof. Dr. Lenz in seinen Veröffentlichungen über die deutschen Auslandschulen in der „Kolonial-Zeitung“ hervor. Danach erhalten an der deutsch-evangelischen Schule zu Worcester, Kapland, die Schüler, die einen regelmäßigen Schulbesuch aufweisen können, zu Weihnachten Prämien. Das läßt tief blicken. Wie es erst im brasilischen Urwald aussieht, darüber belehrt uns der Stoßseufzer eines früheren Urwaldschulmeisters, den ich in der „Deutschen Zeitung“ von Porto Alegere finde. „Nun erst der Schulzwang!“ heißt es hier. „Heilige Ironia! Da sitzt der Schulregent und lauert vergebens auf João und Christine, auf Hanne und Peter, denn die müssen Bohnen dreschen, in die Mühle reiten oder Milho abziehen. Dazu die Kritik der Schularbeit! Der Hannickel kann keinen Buchstaben lesen, aber er würde es doch besser machen als der Lehrer, und Frau Hanne gibt ihm Recht. Da sitzt des armen Kaspar Ältester obenan und des Hannickel João nicht, trotzdem der Alte Schulvorsteher ist. „Da laaß em halt de Ofe aach mit setze und de Schoppe baue", rät Frau Hanne, und sie setzt ihren Willen durch. Armer Lehrer! Deine letzte Wurst ward geräuchert!" Lassen wir es mit diesem erschütternden Stimmungsbild aus „des Urwalds düstern Gründen" genug sein! An den guten Schulen mit festgefügter Ordnung, die in der Schulgemeinde über einflußreiche gebildete Elemente verfügen, steht allen Berichten nach im großen Ganzen die Schulzucht keineswegs hinter der in Deutschland gehandhabten zurück, und fremdländische Besucher solcher Anstalten haben ihre Achtung vor der „discipline prussienne" ausdrücklich bezeugt. Daß die Lehrer solche Leistungen erzielen können ohne den Rückhalt des Staates und den Hinweis auf die Berechtigungen, ist ihnen doppelt anzurechnen.

So wenig erschöpfend die bisherigen allgemeinen Ausführungen auch sein könnten, so geben sie doch eine gewisse Grundlage für die Beurteilung der Forderungen, die von seiten der Leiter und Lehrer der Auslandschulen gestellt werden, wenn eine Regelung und Besserung der Zustände herbeigeführt werden soll. Einmal soll dem Mangel eines Rückhalts an einer heimatlichen Schulbehörde abgeholfen werden durch Errichtung eines Reichsschulamts. Eine ähnliche Einrichtung besteht bereits in Italien, das in seinem Auswärtigen Amt eine besondere Abteilung für Auslandschulen unter Leitung eines General-Inspektors mit sechs Hilfskräften besitzt, die Amministrazione scolastica centrale. Dieses Amt wäre vielleicht mit einer amtlichen Auskunftstelle für die Auslandschulen zur Vermittelung geeigneter Lehrmittel zu verbinden. Der gegen diese Forderung erhobene Einwand, daß eine solche Behörde nicht genügend Beschäftigung finden würde, ist nicht stichhaltig, wenn anders die ausländische Schulfrage als eine hochpolitische Machtfrage immer mehr in das Programm der deutschen Reichspolitik Aufnahme findet. Des weiteren bildet eine Erhöhung des Schulfonds des Auswärtigen Amts eine Lebensfrage der deutschen

Auslandschulen. Bekanntlich hat Frankreich 800000 Franken, Italien nahezu 1 Million Lire für ihre ausländischen Schulen in den Etat eingestellt, Deutschland nur 300000 Mk.! Selbst Rußland hat 1 Million Mk. jährlich für diesen Zweck übrig und gewährt außerdem den zahlreichen Lehrern, die an den vielen russischen Schulen in Palästina wirken, Ruhegehälter. Der Allgemeine deutsche Schulverein hat durch ziffernmäßige Zusammenstellung der Verhältnisse von 60 Auslandschulen dem Reichstag vorgerechnet, daß zum mindesten 450000 Mk. als Reichsbeitrag nötig wären. Dabei ist eine großzügige zielbewußte Schulpolitik noch nicht einmal ins Auge gefaßt. Von Wichtigkeit ist auch die Art der Verteilung dieser Reichsbeihilfe. Sie sollte besonders auch den Gebieten zugute kommen, wo deutsches Volkstum festen Boden gefaßt hat und Aussicht hat, weiter Boden zu gewinnen. In Ländern, wo der Deutsche nur, um Geld zu verdienen, sich aufhält, in der Absicht, womöglich nach Erreichung dieses Zwecks nach Hause zurückzukehren, können stets politische Ereignisse eintreten, die die dortige deutsche Schule zur Schließung oder Einschränkung und Änderung ihres Betriebs zwingen. Wo aber einmal Zehntausende und Hunderttausende von deutschen Bauern und Handwerkern in ganz dünn besiedelten Neuländern sitzen, zumal unter romanischem Volkstum, da müßte es auch möglich sein, diese der deutschen Kultur dauernd zu erhalten. Dort ist auch die deutsche Schule der wichtigste Hebel zur Aufsaugung der landessprachlichen Elemente. Hier sollte also vor allem geholfen werden, zum mindesten im selben Verhältnis wie etwa den Schulen in den internationalen Handelsplätzen des Orients, wo der deutsche Lehrer sich mit einer buntscheckigen Musterkarte von Kindern aller Nationalitäten abplagen muß, und der deutsche Junge schließlich trotz alles dessen, was in der Schule geleistet wird, Gefahr läuft zu „verlevantinern", wie der Ausdruck für ein verbreitetes Übel lautet, weil die Einflüsse der gesamten Umwelt zu mächtig sind! Ob die deutschen Siedler Bürger des Reichs sind oder nicht, spielt hier eine nebensächliche Rolle. Wer ist denn schuld daran, daß diese Leute oder ihre Eltern des deutschen Bürgerrechts verlustig gingen? Doch wohl in erster Linie der Jammer unserer früheren Zustände, die frühere politische Ohnmacht! In Süd-Brasilien z. B. liegt es vielleicht mehr in unserem Interesse, wenn recht viele von den deutschen Siedlern brasilische

Bürger werden, da sie nur auf diese Weise es allmählich zu politischem Einfluß bringen können.

Auch die Frage der materiellen Sicherstellung der im Ausland dienenden Lehrer ist im Hinblick auf den schon erwähnten Lehrermangel von großer Bedeutung. Die allgemeine Anrechnung der im Ausland verbrachten Dienstzeit der Lehrer und deren Aufnahme in eine staatliche Pensionskasse werden als dringende Bedürfnisse zur Sicherstellung der Auslandschule gewünscht. In ersterer Hinsicht besteht bereits wenigstens in Preußen eine den Auslandlehrern günstige Bestimmung. Zu diesem Punkt ist ferner anzuerkennen, daß der Mangel an Volksschullehrern in Deutschland den Wunsch begreiflich erscheinen läßt, zuerst für eine genügende Besetzung der Stellen im niederen Schuldienst in Deutschland selbst zu sorgen. Ich werde auf diesen Punkt noch zurückzukommen haben.

Ein überaus wichtiger Faktor zur Lösung der Frage der Auslandschulen ist ferner die Beihilfe von Vereinen und Privaten. An der Spitze der ersteren ist hier der „Allgemeine deutsche Schulverein" anzuführen. Dieser Verband zählt 33000 Mitglieder, und seine segensreiche Tätigkeit besonders zur Erhaltung des Deutschtums im Osten ist allgemein anerkannt. Er hält an dem altererprobten Grundsatz fest, sich auf politische oder religiöse Fragen unter keinen Umständen einzulassen. In richtiger Würdigung der Bedeutung der Sache tritt ihm immer mehr der „Alldeutsche Verband" an die Seite. Aber auch Vereine mit religiöser Tendenz, an ihrer Spitze der Gustav Adolf-Verein auf protestantischer, der St. Rafael-Verein auf katholischer Seite, haben viel zur Unterstützung deutscher Auslandschulen beigetragen. Auch in Zukunft werden die religiösen Vereinigungen ihre Mission in diesem Sinne zu erfüllen haben. Alles, was nationale Farbe trägt, möge Schulter an Schulter zusammen kämpfen. Die Diplomatie aber möge aller brauchbaren Bundesgenossen froh sein und alle Kräfte zu sammeln und auszunutzen suchen zum Wohle des ganzen Vaterlandes. Besondere Anerkennung verdienen noch die hochherzigen Aufwendungen, die von einzelnen Privaten im Ausland für deutsche Schulen da und dort gemacht worden sind. Dagegen muß der deutsche Schulverein bekennen, daß er hier in Deutschland und Österreich den Weg zum Herzen der deutschen Kapitalisten — mit ganz wenigen

Ausnahmen — noch immer nicht entdeckt hat. Der französische Parallel-Verein, die Alliance Française, ist hierin glücklicher und verdankt es der Freigebigkeit der französischen Finanzwelt, daß er, obwohl an Mitgliederzahl dem deutschen Verein etwa gleichstehend, doch mehr als das Doppelte von Einkommen zur Verfügung hat.

In den von seiten der deutschen Auslandschulen geäußerten Wünschen wird die Pflege deutsch-nationaler Erziehung und Ausbildung im Ausland lediglich der dortigen deutschen Schule zugeteilt. Allein es gibt noch andere Mittel, um dem Deutschtum im Ausland auf pädagogischem Wege beizuspringen. Man sollte es den Deutschen im Ausland auch erleichtern, ihre Kinder der deutschen Schule im Reich zuzuführen. Wir haben hier zwei typische Fälle zu unterscheiden: Erstens den Fall, daß ein Deutscher, der im Ausland als Geschäftsmann verweilt, einen oder mehrere Söhne im Reich erziehen lassen will. Der Wunsch nach einer passenden Unterbringung solcher junger Auslanddeutscher ist häufig geäußert worden und in der deutschen Kolonialgesellschaft wurde deshalb schon der — allerdings erfolglose — Antrag gestellt, eine eigene Pensionsanstalt für diesen Zweck von Vereinswegen ins Leben zu rufen. Es handelt sich hier darum, den Söhnen Deutscher im Auslande den Anschluß von den dortigen Schulen an das hiesige Schulwesen zu erleichtern, in nationalem Sinne auf sie einzuwirken und ihnen Gelegenheit zu geben, die Einjährigen-Prüfung zu erstehen. Eine Menge junger Deutscher sind zweifellos bisher mangels einer solchen Fürsorge dem deutschen Heere und dem Deutschtum verloren gegangen. Im zweiten Fall handelt es sich um die Nachkommen der deutschen Auswanderer, die in Übersee sich dauernd angesiedelt haben. Es wäre dringend zu wünschen, daß ein kleiner Teil von diesen, begabtere Jungen, zum mindesten einige Jahre in Deutschland erzogen würde, um nachher in ihrem Adoptivvaterlande in deutsch-nationalem Sinne zu wirken. Damit komme ich auf die oben berührte L e h r e r f r a g e. Bei dem herrschenden Lehrermangel sollte man aus der Mitte der überseeischen Siedler heraus die Lehrer rekrutieren, die überhaupt aus vielen Gründen am besten wieder zu der Arbeit in ihrem Geburtsland taugen würden. Wenn dann einzelne zu einem andern Beruf als dem des Lehrers in Übersee sich später entschlössen, einige vielleicht auch hier hängen blieben, so wäre dies kein Unglück.

Wir können Pioniere, Vorkämpfer für das Deutschtum, in jedem Beruf drüben brauchen, ja wir müssen sie haben, oder andre ernten dort, was deutsche Volkskraft gesät hat. So hat man in weiten Kreisen in Deutschland noch gar keine Vorstellung von der Gefahr, welche der Machtstellung des Reichs durch den nordamerikanischen Imperialismus droht. Nicht nur um die Handelsinteressen Deutschlands handelt es sich, sondern darum, ob das beschämende Schauspiel sich wiederholen soll, daß, wenn die Union an die Erschließung des südamerikanischen Kontinents in größtem Stile herangeht — und dies ist zweifellos im Werk —, wieder Tausende und Abertausende von Deutschen den Yankees Handlangerdienste leisten und ihr Volkstum mehr oder weniger aufgeben werden. Schon Maria Theresia hat gesagt, die Schule sei ein politicum. Die Nordamerikaner verstehen diesen Grundsatz in hervorragendem Maße in die Praxis umzusetzen. Wenn in dem kaum der Union angegliederten Cuba nunmehr bereits über 3000 Staatsschulen bestehen, so ist das eine schulpolitische Leistung, die einen Vorgeschmack dessen bietet, was kommen kann. Schon schickt sich die Universität Chicago an, eine amerikanische Schule in Paris, später eine solche in Berlin zu begründen. Die Empfangenden von gestern wollen die Gebenden von morgen sein. Nach der dort stark vorherrschenden Meinung soll ja die Welt nicht an deutschem Wesen genesen, sondern an angelsächsischem oder irischem. Wir aber sollten, ehe der Riesenwettkampf auf wirtschaftlichem Gebiet zwischen der Union und der alten Welt auf südamerikanischem Boden entbrennt, alles tun, um unsern kulturellen Einfluß bei den Deutschen wie den Lateinern der Kreolenstaaten zu stärken. Es sei mir hier gestattet, eine kleine Schul-Anekdote einzuflechten. Als vor einigen Jahren ein Reisender die deutsche Schule in Caracas, der Hauptstadt Venezuelas, besuchte und einer Geographiestunde beiwohnte, ließ der Lehrer einen Sohn des Präsidenten Castro an die Landkarte heraustreten und den Lauf des Rheins beschreiben. Dieser selbe Vater Castro ist es, der unlängst das großkolumbische Banner entfaltet hat und mit Hilfe der liberalen Parteien dieser Länder die Staaten Kolumbien, Venezuela, Ekuador zu einem gewaltigen Reich vereinigen will, dessen Ufer der Atlantische und der Stille Ozean bespülen, und an dessen Pforte eine der wichtigsten Welthandelstraßen der Zukunft liegt. Man kann von allen diesen krampfhaften Bemühungen kreolischer Militärs und Politiker, das Bild der politischen Landkarte Südamerikas umzugestalten, eine sehr geringe Meinung haben und braucht deshalb doch die Möglichkeiten nicht zu unterschätzen, die sich aus einer intimeren Bekanntschaft der einflußreichen Kreolenwelt mit deutschem Unterricht und Erziehung ergeben. Und ein anderes: Wenn auch ehemalige deutsche Volksgenossen in der Union selbst unsere wirtschaftlichen Konkurrenten in Südamerika sein werden, so können sie auf kulturellem Gebiet unsere Bundesgenossen werden. Wohl haben sich die Deutschen in den V. St. politisch von den Irländern überflügeln lassen, allein dazu werden sie nicht die Hand bieten, daß die zukunftsreichsten Länder der Erde kulturell dem keltischen Atavismus verfallen. Wir im Reich aber haben urbi et orbi zu zeigen, daß wir die Größe unserer Aufgabe erfassen und uns anschicken, dementsprechend zu handeln. Ich komme damit auf das zurück, was über die Notwendigkeit gesagt wurde, zukünftige Vorkämpfer des Deutschtums im Ausland aus den Reihen der dort festgewurzelten Volksgenossen selbst zu werben.

Eine Anzahl patriotischer Männer ist im Frühling dieses Jahres zusammengetreten zur Begründung einer Anstalt, die den deutschen Volksgenossen im Ausland es ermöglichen soll, ihren Söhnen eine deutsch-nationale Erziehung im alten Vaterlande zu geben, die unter voller Ausnutzung aller dort zu Gebote stehenden Vorteile doch im besondern für das Ausland, insbesondere Übersee, und die dort an den jungen Mann herantreteuden Anforderungen vorbereiten soll. Das reizend am Zusammenfluß von Main und Tauber gelegene Städtchen Wertheim in Baden ist zum Sitz der neuen „Deutschen Nationalschule" erwählt worden. Während die Anstalt iu ihrem Unterbau bis Untersekunda teilweise an die am Platz vorhandenen Anstalten, Gymnasien, Handels- und Gewerbeschule, Volksschule sich anlehnt, soll der Oberbau in dreijährigem Lehrgang der speziellen Ausbildung deutscher Auslandpioniere dienen und sich möglichst den praktischen Bedürfnissen der Auslanddeutschen anpassen, ohne jedoch dem platten Amerikanismus und Utilitarismus zu verfallen. Dabei soll nicht der Geldbeutel des Vaters allein den Ausschlag geben, wenn es sich um Entsendung von Auslandsöhnen in die alte Heimat handelt, sondern man will erreichen, daß auch begabte Söhne von wenig bemittelten Kolonisten und

Handwerkern und dergl. gegen billige Vergütung der Segnungen einer deutschen Erziehung und Ausbildung teilhaftig werden können. Aus ihren Reihen gilt es dann ganz besonders auch die künftigen Lehrer zu werben, die den an geeignetem Lehrermaterial Mangel leidenden deutschen Auslandschulen zugeführt werden und sie in geistiger Berührung mit dem Mutterland erhalten sollen. Während für das Alter bis zum 15. oder 16. Lebensjahr die Knaben in Familien untergebracht werden sollen, um möglichsten Ersatz für das Familienleben zuhause zu finden, nimmt sie während des dreijährigen Pionier-Kurses hernach ein Internat auf, für das nebst allem Zubehör von Wirtschaftsgebäuden, Bibliothek, Laboratorien, Turnhalle, Garten u. s. w. bereits eine Bodenfläche von 19000 □Mtr. in schönster Lage gegenüber den über dem Maintal aufsteigenden berühmten Schloßruinen gesichert ist. Wenn dieses Unternehmen, bei dem der Allgemeine deutsche Schulverein auch in gewissem Sinne Pate gestanden hat, zu der Bedeutung gelangt sein wird, die man ihm heute prophezeien möchte, dann hat auch die nationale Sache der Fürsorge für das deutsche Auslandschulwesen einen lebendigen Mittelpunkt gewonnen, von wo aus immer neue Lebensströme der Peripherie zugeführt werden können.

Nachtrag.

Im Anschluß an diese Ausführungen sei noch einer dankenswerten Einrichtung gedacht, die der A. d. Sch.-Verein seit kurzem getroffen hat. Es ist dies eine Auskunftstelle betreffend Lehrer für deutsche Auslandschulen, die unentgeltlich die Vermittlung von Lehrkräften übernimmt und in Bälde lebhaften Anklang gefunden hat.

D. V.

FSC
www.fsc.org
MIX
Papier | Fördert gute Waldnutzung
FSC® C083411

Kolibri 360 GmbH
Ferdinand-Jühlke-Straße 7
99095 Erfurt, Deutschland
produktsicherheit@kolibri360.de